Heróis da Humanidade
Galileu Galilei

Ciranda Cultural

Dados Internacionais de Catalogação na Publicação (CIP) de acordo com ISBD

B921g   Buchweitz, Donaldo
            Galileu Galilei / Donaldo Buchweitz; ilustrado por Eduardo Vetillo - Jandira, SP: Ciranda Cultural, 2022.
            24 p.: il.; 25,00 cm x 25,00 cm - (Heróis da humanidade – edição bilíngue).

           ISBN: 978-65-261-0008-0

            1. Literatura infantojuvenil. 2. Gênio. 3. Físico. 4. Herói. 5. Biografia. 6. Cientista. 7. Inventor. 8. Bilíngue. I. Vetillo, Eduardo. II. Título. III. Série.

2022-0586   CDD   028.5
                                                                                                 CDU   82-93

Elaborado por Lucio Feitosa - CRB-8/8803
Índice para catálogo sistemático:
1. Literatura infantojuvenil 028.5
2. Literatura infantojuvenil 82-93

© 2022 Ciranda Cultural Editora e Distribuidora Ltda.
Produção: Ciranda Cultural
Texto @ Donaldo Buchweitz
Ilustrações: Eduardo Vetillo
Preparação de texto: Karina Barbosa dos Santos
Revisão: Maitê Ribeiro e Lígia Arata Barros
Versão e narração em inglês: Melissa Mann

1ª Edição em 2022
www.cirandacultural.com.br
Todos os direitos reservados. Nenhuma parte desta publicação pode ser reproduzida, arquivada em sistema de busca ou transmitida por qualquer meio, seja ele eletrônico, fotocópia, gravação ou outros, sem prévia autorização do detentor dos direitos, e não pode circular encadernada ou encapada de maneira distinta daquela em que foi publicada, ou sem que as mesmas condições sejam impostas aos compradores subsequentes.

Heróis da Humanidade
Galileu Galilei

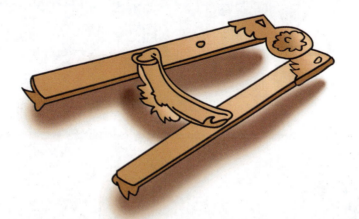

Ouça a narração
em inglês:

Galileo Galilei was a scientist, physicist, astronomer, writer, philosopher and teacher. He also pioneered theories that changed our understanding of the Universe.

Graças aos estudos e às descobertas de Galileu Galilei, sabemos que a Terra se move ao redor do Sol, em um movimento chamado de translação. Também aprendemos que os dias e as noites derivam do movimento de rotação: aquele que a Terra faz ao redor de si mesma, do seu próprio eixo.

Thanks to Galileo's discoveries, we know that the Earth revolves around the Sun – a movement known as spatial translation. We also know that days and nights are a result of the Earth's rotation: the Earth moving circularly around its own axis.

Até o início do século XVII, acreditava-se que a Terra ficava imóvel no centro do Universo, e que o Sol, os planetas e as estrelas giravam ao redor dela.

Up until the 17th century people believed that the Earth remained stationary at the center of the Universe, and that the Sun, planets and stars rotated around the Earth.

Galileu Galilei nasceu em Pisa, Itália, em 1564, em uma nobre família florentina. Na infância, demonstrou muita habilidade para fazer invenções: criou brinquedos curiosos com engrenagens e rodas, talhou violinos e transformou juncos em alaúdes, com os quais tocou músicas de sua própria composição.

Galileo Galilei was born in Pisa, Italy in 1564 to a noble Florentine family. From an early age he showed remarkable skill at inventing things: he designed interesting toys with gears and wheels; he carved wood to make violins; he turned reeds into lutes, and he played original compositions on his handmade instruments.

Aos 17 anos começou a estudar Medicina, mas perdeu o interesse pelo curso, provavelmente após uma descoberta observando o candelabro do teto da Catedral de Pisa. Usando as batidas do próprio coração para medir o tempo, observou que o movimento do candelabro tinha sempre a mesma duração, qualquer que fosse o tamanho da oscilação. Na mesma época, durante uma aula de Geometria, descobriu que seu principal interesse era a Física.

He began studying medicine at age 17 but quickly lost interest, probably after a discovery made while observing the chandelier in the Pisa Cathedral. Using his own heartbeat to measure time, he noticed that the hanging chandelier always swung the same amount of time no matter how wide or narrow the arc it made. It was at that same time, in a geometry class, that he realized his main interest was physics.

Galileu realizou importantes estudos na área da Mecânica, como os do movimento pendular e do movimento uniformemente acelerado. Descobriu a lei da queda dos corpos, segundo a qual, dispostos em uma mesma altura, dois corpos de massas diferentes sofrem a mesma influência da gravidade, que é a causa de seu movimento, chegando ambos ao solo ao mesmo tempo quando em queda livre.

Galileo made important findings in mechanics, like pendular motion and uniformly accelerated motion. He discovered the law of free fall, which says that gravity pulls equally on two bodies of unequal mass dropped from the same height, meaning they will both reach the ground at the same time.

No ano de 1609, Galileu conheceu a luneta, inventada na Holanda, e decidiu aperfeiçoá-la. Em um ano, ele conseguiu melhorar a capacidade de aumento e aproximação do instrumento em cerca de vinte vezes. Nascia ali o telescópio moderno.

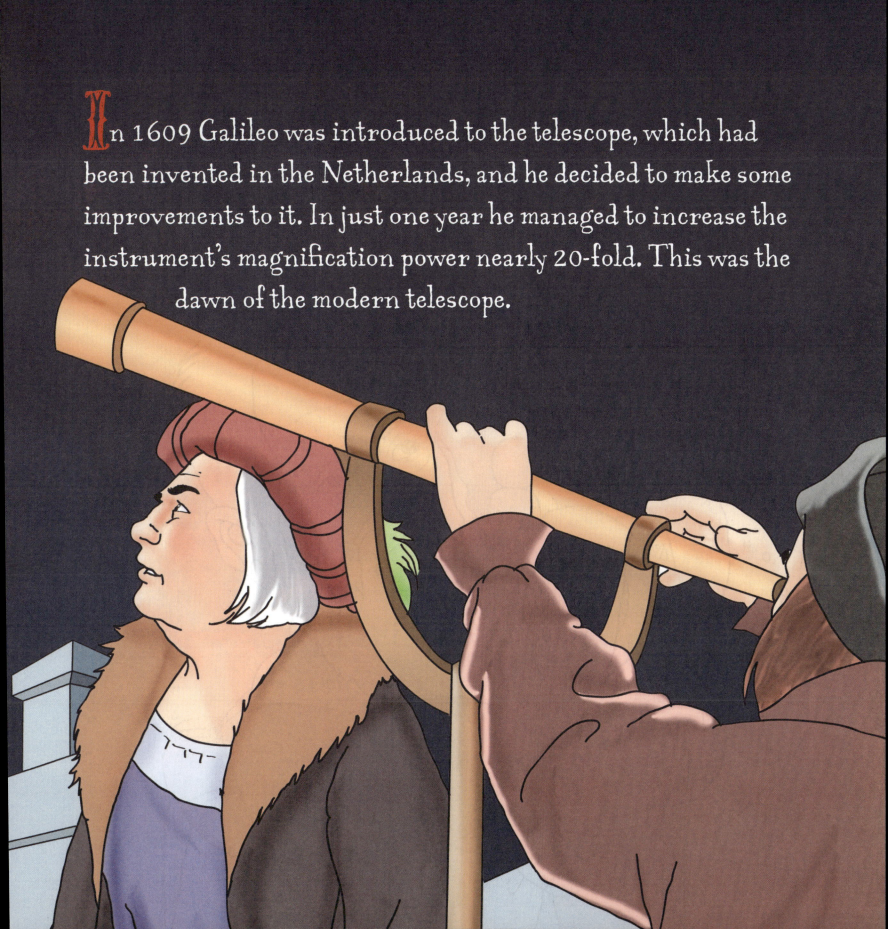

In 1609 Galileo was introduced to the telescope, which had been invented in the Netherlands, and he decided to make some improvements to it. In just one year he managed to increase the instrument's magnification power nearly 20-fold. This was the dawn of the modern telescope.

Na época, acreditava-se que todos os corpos celestes eram esferas perfeitas e imutáveis. Mas, com seu instrumento de observação, Galileu conseguiu ver as formas irregulares da Lua, as manchas escuras se movendo na face do Sol e percebeu que o planeta Vênus tinha fases como a Lua.

People at the time believed all celestial bodies were perfect, uniform spheres. But, by using his instrument for observation, Galileo showed that the surface of the moon is uneven, that dark spots move across the surface of the Sun and that Venus has phases just like Earth's moon.

Após publicar o polêmico *Diálogo*, que mostra duas visões diferentes sobre o Universo, Galileu teve sua obra proibida, foi condenado à prisão domiciliar perpétua e obrigado a renegar sua certeza de que a Terra não estava imóvel no espaço.

Galileo's controversial book, *Dialogue*, which compared two different views of the Universe, was banned soon after its publication, and Galileo was then sentenced to house arrest for life and was forced to disavow his claim that the Earth moved through space.

Além de ter sido condenado, ele foi impedido de falar sobre o tema de *Diálogo* por sete anos. Mesmo assim, não parou de produzir! Pesquisou maneiras de colocar os satélites de Júpiter a serviço da navegação para ajudar os marinheiros a calcular a longitude das embarcações no mar.

In addition to his arrest, he was prohibited from discussing the topics raised in his book for seven years. Still he never stopped making scientific discoveries! He found ways for sailors to navigate using Jupiter's moons to determine their longitude at sea.

Galileu é considerado o pai da Física, e sua maior contribuição está no estabelecimento das bases do pensamento científico moderno, o método experimental, iniciado por Arquimedes. Ele faleceu aos 78 anos, em 1642.

Galileo is considered the father of physics, and his greatest contribution is having established the bases for modern scientific thought, the method for experimentation that was first proposed by Archimedes. Galileo Galilei died in 1642 at the age of 78.